Earl A. Grollman

Laß deiner Trauer Flügel wachsen

HERDER / SPEKTRUM

Band 5021

Das Buch

Wenn man einen lieben Menschen verliert, ist die Trauer voller starker und verwirrender Gefühle oder es fühlt sich auch alles taub und leer an. Earl A. Grollman begleitet mit diesem Buch alle Menschen, die Trauer erfahren. Seine einfühlsamen, behutsamen Texte sprechen direkt aus der Seele, sie bieten unaufdringliche Hilfe in scheinbar ausweglosen Situationen. Gegliedert nach den verschiedenen Gefühlen und Stadien der Trauer, vom Schock des gerade erlebten Todes bis hin zu einem neuen Lebensbezug, in dem die Trauer gewandelt ist und neue Lebensenergien gefunden werden können. Earl A. Grollmans Sprache ist offen, sie lädt dazu ein, sich den eigenen Gefühlen zu stellen, sie schenkt Hoffnung und erinnert an die Kostbarkeit der Person, die man verloren hat.

„Texte wie diese können uns abholen und begleiten auf unserem je eigenen Weg, und sie können uns die Richtung weisen. Was immer uns solcherweise auf den Weg gestellt ist, kann und will das Verwundete in uns heilen, das Verlorene auf eine neue Weise wiederschenken." (Liliane Juchli).

Der Autor

Earl A. Grollman, Rabbiner und Autor, tätig in der Trauerbegleitung. Zahlreiche erfolgreiche Veröffentlichungen.

Liliane Juchli, Krankenschwester und Lehrerin für Krankenpflege, gehört dem Orden der Barmherzigen Schwestern vom Heiligen Kreuz in Ingebohl an. Sie war Schülerin Karlfried Graf Dürckheims, Ausbildung in Logotherapie und Gestalttherapie. Sie arbeitet als Seminarleiterin und Beraterin. Zahlreiche Veröffentlichungen zum Umgang mit Gesundheit, Krankheit und Leiden.

Earl A. Grollman

Laß deiner Trauer Flügel wachsen

Wenn man von einem lieben Menschen
Abschied nehmen muß

Aus dem Amerikanischen von Lukas Trabert
Mit einem Beitrag von Liliane Juchli

Herder
Freiburg · Basel · Wien

Für
Gerson S. Grollman
Samuel M. Levinson
Gesegnet sei die Erinnerung an sie.

Titel der amerikanischen Originalausgabe:
Living when a loved one has died, published by Beacon Press, Boston,
© 1977, 1987, 1995 by Earl A. Grollman

Gedruckt auf umweltfreundlichem,
chlorfrei gebleichtem Papier

© Verlag Herder Freiburg im Breisgau 1998
Umschlaggestaltung: Joseph Pölzelbauer
Umschlagbild: Odilon Redon, Figure 36, Mystical Conversation
Satz: Fotosetzerei G. Scheydecker, Freiburg im Breisgau
Druck und Bindung: Freiburger Graphische Betriebe 1998
ISBN 3-451-05021-8

INHALT

Einleitung von Liliane Juchli
7

Vorwort
25

Über dieses Buch
26

Schock
27

Leiden
45

Zusichkommen
69

Ein neues Leben
83

Leben und Tod
sind Brüder, die zusammen wohnen.
Sie halten sich aneinander fest
und können nicht getrennt werden.

Bahya Ibn Pakuda – *Duties of the Heart*

Einleitung
von Liliane Juchli

Loslassen
Zulassen
Mich einlassen
Vertrauen
Dir

*N*ein – einfach zu leben sind diese Worte nicht, vor allem dann nicht, wenn es um den Verlust, also um das Loslassenmüssen eines lieben Menschen geht. Es sind aber Lebensworte, die *den* tragen können, der sich auf sie einläßt.

Zwar versucht der Mensch immer wieder, dem Schmerz und dem Leiden auszuweichen, entgehen kann er weder dem einen noch dem anderen. Es bleibt die Tatsache, daß menschliches Leben vergänglich ist und daß wir es unweigerlich zu lernen haben, *Endlichkeit und Vergänglichkeit* zu akzeptieren. Und doch gibt es etwas, das alle Vergänglichkeit überdauert, etwas, das hinausführt, gleichsam durch die Trauer hindurch führt, und dem sogar der Tod zu dienen hat: *die Verwandlung – und auf diesem Weg die Versöhnung und die Heilung von Schmerz und Leiden.* „Verwandlung ist eine

Weise, wie Erlösung geschieht", sagt Anselm Grün[1]. Doch nur das Annehmen und das Hindurchgehen verwandelt uns, schafft etwas Neues, ohne daß dabei das Gewordene aufgehoben würde. Der Verlust bleibt ein Verlust, das Verlorene bleibt unwiederbringlich, der Tod ist nicht rückgängig zu machen. Und dennoch leuchtet es als Gewandeltes in unserem Leben auf und hilft uns, weiter zu gehen: Wir sind zwar die gleichen Menschen wie vorher, und doch ist alles anders geworden.

Als ich die Texte von Earl A. Grollman in die Hände bekam, war ich mit einer Kursgruppe unterwegs zum Thema „Abschiedlich leben". Die Schritte unseres Weges und unseres gemeinsamen *„auf uns selbst und aufeinander hören"* nahmen ganz selbstverständlich eine Gestalt an, die den Abschnitten seiner Texte nicht unähnlich sind: *etwas* verbindet uns.

Wir haben in der Gruppe versucht, dieses *„Etwas"* transparent zu machen, wobei wir absichtslos und ungewollt den gleichen oder doch ähnlichen Wegmarkierungen begegnet sind. Was mit dem wissenschaftlichen Begriff der „Trauerarbeit" umschrieben und erforscht wird (Sigmund Freud hat diesen Begriff erstmals gebraucht, populär wurde er später u. a. durch die Arbeiten von Elisabeth Kübler-Ross und Verena Kast), ist uns – gleichsam von innen her – zugewachsen. Die uns solcherart bewußt gewordenen Erfahrungsbereiche fassen zusammen, was letztlich *der Frage nach dem Sinn von Leiden und Trauern* zugrunde liegt.

[1] Grün, A.: Verwandlung, Mainz 1993

Jede Frage will Antwort – darin kann gesehen werden, was Viktor E. Frankl[2] als *„der Aufgabencharakter des Lebens"* bezeichnet hat. Es ist *etwas* in uns, das den Weg weiß, *„etwas Vorfindliches"*, etwas, das uns lockt und zieht – auf Bewältigung, Wandlung und Erlösung hin. Doch bleibt auch wahr, daß dieses *Etwas* vorerst weder faßbar noch erfahrbar ist, weshalb jedes Verlustereignis und damit jeder Trauerweg zu Beginn katastrophal, scheinbar unbegehbar, dunkel und bedrohlich ist. Gleichzeitig ahnen wir aber auch, daß das in uns Vorgefundene nicht ohne Bezug zu uns ist und bleiben wird. Tatsache ist doch, daß Menschen aller Zeiten und aller Orten diesen Weg gehen, daß sie genau diese vorgegebenen Gesetzmäßigkeiten erleben und daß diese von den einzelnen subjektiv immer wieder ähnlich erfahren werden. Tatsache ist auch, daß Betroffene dadurch in die Lage versetzt werden, in der unausweichlichen Verlustsituation schließlich zurechtzukommen und auf eine konstruktive Weise damit umzugehen.

Im nachhinein mag es uns gelingen, die so gemachten Erfahrungen zu ordnen, ihnen gleichsam einen Namen zu geben. Das innen angelegte „Regiebuch" wird außen sichtbar, wird zum beschreibbaren Trauerprozeß, der, vielleicht in unterschiedliche Worte gefaßt, ein immer ähnliches Muster zeigt. Das Faszinierende daran ist, daß dieses Muster einem Plan folgt, daß wir gleichsam *von etwas weg-gelöst werden, daß etwas sich ablöst und dem Dahinter- oder Darunter-*

---

[2] Frankl, V.: Ärztliche Seelsorge, Wien 1982

liegenden Raum gibt. Erlösung und Heilung ist nun nicht mehr bloß eine Theorie oder eine wissenschaftliche Abhandlung, sondern wird zur erfahrbaren und verändernden Wirklichkeit: Die Trauer hat – wie das Leiden überhaupt – verwandelnde Kraft; aber man muß sich darauf einlassen.

Durch den Verlust eines lieben Menschen wird die Wucht der Trauer unabwendbar, unausweichlich und zutiefst existentiell. Wir durchwandern die *Gesetzmäßigkeiten abschiedlichen Daseins* und lassen uns ein auf das Be-rührt- und An-gerührt-Werden in der je eigenen Lebensgeschichte mit ihren bewältigten, nicht-bewältigten und aktuellen Verlustereignissen. Es sind vier Stufen, die uns zum Raster werden:

1. das Nicht-wahr-haben-Wollen, der Schock;
2. das Leiden, das Aufbrechen der Emotionen;
3. das Suchen und das Sich-neu-Finden;
4. der neue Lebensbezug, das neue Leben.

Grollman findet ähnliche Worte, um zu fassen, was zuerst unaussprechlich scheint und doch nach Ausdruck drängt:

1. Schock
2. Leiden
3. Zusichkommen
4. ein neues Leben.

In solchem Zusammenfallen von äußeren Lebenssituationen (C. G. Jung spricht von Synchronizität) hier

– die Vorbereitung und Begleitung der Kursarbeit „abschiedlich leben" und
– das Mir-Zufallen der Texte von A. Grollman

geschieht etwas. Es wird mir nicht nur neu bewußt, wie tief und wahr die in uns angelegten Gesetzmäßigkeiten sind, sondern im Umgehen damit werden *in mir Energien aktiviert, die mir wie neu zur Verfügung stehen;* Energien, die meinen eigenen Wandlungsprozeß befruchten und die der Begegnung und Arbeit mit anderen Menschen neue Impulse zu geben vermögen: Der Weg der *Wandlung und Verwandlung* wird auch dort in Gang gesetzt, wo wir uns darauf einlassen, auch wenn wir nicht unmittelbar Betroffene sind.

Wandlung geschieht durch die Berührung, das heißt, ich werde von etwas oder von jemandem angerührt, und dann bricht auf, was in der Bibel als das *„Strömen lebendiger Wasser"* bezeichnet wird. Darin offenbart sich der Wandlungsweg zugleich als Werk der in uns angelegten Kräfte. Der religiöse Mensch spricht hier vom Werk Gottes oder von der Gnade. In solchem Geschehen liegt zugleich auch eine von uns zu leistende Aufgabe: Innen und Außen müssen zusammenkommen. Das ist das *eine.* Diese Berührung ist jedoch nur ein Anfang und das, was darin geschehen soll, ist kein punktuelles Ereignis, sondern ein dynamischer Prozeß des Reiferwerdens und darin als zweites ein dauernder Wandlungsweg. Die Verwandlung geschieht stufenweise, hier in diesem Buch beschrieben in vier Schritten (Elisabeth

Kübler-Ross beschreibt sieben). Nicht die Zahl ist dabei wichtig, sondern die *stufenweise* Annäherung an das Ziel. Es ist dies eine Dynamik, die wir auch in vielen Mythen und Märchen finden: Held und Heldin müssen einen Weg mit vielen Unbilden unter die Füße nehmen, sie werden gleichsam herausgestoßen aus der Geborgenheit des bisherigen Lebens, hinein ins Unbekannte, Gefahrvolle. Auf diesem Lernweg ist die Aufgabe der einzelnen Wegstationen zu lösen, bevor die jeweils nächste angepeilt werden kann. Am Ziel angekommen, das heißt, in die Alltagswelt zurückgekehrt, bringen sie einen kostbaren Schatz oder eine neue Fähigkeit mit; gleichsam eine *reifere Identität.* Das Leben kann neu und anders gelebt werden. Neue Seins- und Sinninhalte zeichnen sich ab, eine *neue Kultur von Leben* wird möglich und darin ein neues Verstehen und Annehmen der Lebenswirklichkeit – auch seiner selbst. Verena Kast[3] drückt es so aus: „Ein neuer Selbst- und Weltbezug" wird initiiert.

Verwandelt wird der Mensch, wenn er den Weg *geht,* sich auf seine Emotionen einläßt, die Sprache der Seele in ihrer Trauer zuläßt und schließlich den Schatz hebt, der sich hinter der Trauer abzeichnet. Manchmal laufen solche Prozesse ganz leise ab, manchmal kommen sie wie ein Sturm über uns, und wir können nicht ausweichen. Und manchmal wird ein Lebenseinbruch zum Räuber, der uns das Liebste entreißt …

---

[3] Kast, V.: Trauern, Phasen und Chancen des psychischen Prozesses, Stuttgart 1982

Glücklich der Mensch, der auf diesem Weg einen behutsamen und liebevollen Begleiter findet, damit ausgesprochen und gehört werden kann, was da ist: die Leere – der Wirbel der Gefühle – das Harte und Versteinerte, der zermürbende Schmerz ... Das Sich-ausdrücken-Können setzt Lebenskräfte frei, und die behutsame Berührung in der Begegnung mit einem Gegenüber ermöglicht ein neues Aufblühen der Lebenskräfte. Nicht nur der Mensch, auch ein Buch kann zum stützenden und klärenden Helfer werden, so wie dieses Werk zum Beispiel. Texte wie die hier vorliegenden können uns abholen und begleiten auf unserem je eigenen Weg, und sie können uns die Richtung weisen. Was immer uns solcherweise auf den Weg gestellt ist, kann und will das Verwundete in uns heilen, das Verlorene auf eine neue Weise wiederschenken. Das Ziel jeder Verwandlung ist die Befreiung und die Erfüllung und damit im weitesten Sinne: *Menschwerdung.*

Auf dieses Ziel hin laufen auch die Texte des vorliegenden Buches als das Vermächtnis eines Wissend-Gewordenen: Leben durch das Sterben hindurch, Leben als Gabe und Aufgabe zugleich, Geschenk und Anspruch, Wirken der Gnade und Auftrag des Menschen:

Du hast dich verändert.
Du bist stärker geworden.
...
Das Leben ist für die Lebenden.

Verwandlung der Trauer – ein auferlegter Weg

So sehr uns die Auseinandersetzung mit den Lebensgesetzen des „Stirb und Werde" auch anzurühren vermag, so ist, wenn wir Betroffene sind, alles nochmal ganz anders! Der Schmerz des Verlusts eines lieben Menschen wird existentiell, erfaßt das ganze Menschsein, sitzt in den Knochen, durchdringt die Poren, nistet sich in jede Zelle ein. Man steht stumm und leeren Blickes davor oder darin. Zwar greift das äußere Leben mit beiden Händen nach uns. Was gibt es nicht alles zu tun nach einem Todesfall: Die Todesanzeige muß aufgesetzt, die Adressenliste zusammengesucht, den Behörden und dem Pfarrer Informationen geliefert und die Beerdigung arrangiert werden. Man muß mit Menschen reden über das so unwichtig gewordene Alltägliche, man muß essen, das Telefon abnehmen … das äußere Leben geht weiter, gleitet gleichsam an uns vorbei. Eine Oase ist der Trauergottesdienst dort, wo er zum Trostgottesdienst wird in der Erfahrung des Getragenseins. Doch kaum sind wir allein, auf uns selbst zurückgeworfen, überfällt uns wieder die bohrende Warumfrage: warum sie/er? – warum jetzt? – warum so? … Doch nicht das „Warum", sondern das *„Wozu"* vermag uns schließlich auf die Spur zu setzen und hilft uns, dem Weg zu folgen, beginnend bei der ersten Stufe.

1. Das Nicht-wahr-haben-Wollen – Schock

„Nun ereilte sie der Tod mitten im Leben …" Wo Menschen unerwartet von uns gehen, vielleicht noch jung sind, wir gemeinsam mit ihnen noch soviel hätten tun wollen, ist die Todesnachricht unfaßbar. Dieses Unvorbereitetsein auf ein Unbegreifliches überschwemmt uns, droht uns zu verschlingen, reißt uns in die Tiefe. „Unwiederbringlich" lautet die Botschaft, und etwas von uns stirbt mit. Wir meinen, nicht mehr weiter leben zu können, und müssen es dennoch. Wir fragen „warum?" und bekommen doch keine Antwort, weil es keine Antwort gibt. Und das Schwerste dabei: Niemand erreicht uns, keine noch so gut gemeinten Trostworte finden in diesem Abseits trostloser Einsamkeit ein Echo. Einem Roboter gleich durchwandern wir die einstmals so vertrauten und nun so fremden Räume.

Sie schenken uns keine Geborgenheit mehr, es ist, als wären auch sie gestorben, mit uns gestorben … mehr noch, es ist, als wäre es unser eigenes Sterben, als würden wir dieses antizipatorisch vorwegnehmen. So ist der Tod eines Menschen, den wir liebten, auch unser eigener Tod, unsere eigene Todeserfahrung, mit der wir konfrontiert sind.

Es ist dies eine Grenzsituation des Lebens, die all unsere Kräfte und all unseren Mut herausfordert und uns das höchste an seelischer Leistung abverlangt.

Diese Phase kann Stunden dauern, aber auch Tage, sogar Wochen. Und wenn sich die Lebensgeister wieder zu regen beginnen, dann nur, um bewußt zu machen, daß schlagartig alles anders geworden ist, daß das Leben nie mehr sein kann wie vorher.

In dieser Phase ist es wichtig, daß Trauernde erfahren, daß sie nicht allein gelassen sind. Sie brauchen Nähe, ohne im Mitleid gefangen zu werden. Sie brauchen Liebe, aber eine Liebe, die freiläßt. Ein Wort aus dem Hohelied kommt mir dazu in den Sinn: „Stört die Liebe nicht." Ja, darauf kommt es jetzt an: *„Stört die Trauer nicht, laßt sie sein!"* Dann kann sie einen Kanal finden, kann sie sich hervorwagen, kann das Unfaßbare in Worte kleiden – in ausdrucksstarke Worte, wie wir sie in diesen Texten finden, wo das stammelnde, fast stumme „Warum" durchstößt, den grauen Nebel zu lichten vermag und das Weitergehen ermöglicht. Das „Nicht-wahr-haben-Wollen" bekommt Konturen, das Leben meldet sich wieder – mit dem Leben auch das, was im Schock barmherzig überdeckt war: *der gnadenlose Schmerz des Verlustes.*

2. Das Aufbrechen der Emotionen – Leiden

Wenn der Gefühlsstau aufgelöst wird, kann die Trauer erst eigentlich zum Durchbruch kommen und wird nun zum alles bestimmenden und überschattenden Leiden. Solches Leiden hat so viele Gesichter wie die Gefühle Namen haben. Diese aufbrechenden Emotionen sind willentlich nicht zu steuern, sie folgen ihren eigenen Gesetzen:

Verzweiflung und Zorn auf der einen Seite, Depression, Hoffnungslosigkeit und Sinnlosigkeit auf der anderen bestimmen das Denken, Fühlen und Handeln; vermischt mit Selbstvorwürfen und Schuldgefühlen bewirken sie ein nimmermüdes Gedanken-Karussell. So schwer zu ertragen diese Leidenszeit auch ist, so muß doch gesehen werden, daß sie auch dem Leben dient, weil nur durch das Chaos hindurch die Todesstarre aufgelöst werden kann. Die Unbegreiflichkeit des Todes läßt sich nicht rational bewältigen, und wir helfen Trauernden nicht, indem wir deren Gefühle wegdiskutieren oder auf Ablenkung hinweisen. Trauernde können letztlich nicht abgelenkt, nicht wirklich vom Verlust weggelenkt werden. Es ist dies auch nicht wünschenswert. Was sie aber brauchen, um fruchtbringend trauern zu können, ist ein Ort, wo sie ohne Scham weinen und klagen dürfen.

> „Wenn dir die Trauer zuteil wird,
> so halte sie fest aus ganzer Kraft.
> Denn behutsamer und wirksamer als die erste Taufe
> ist diese Taufe der Tränen."
> (Joh. Climacus, 6. Jh.)

Die Texte „Leiden" sind ein beredtes Zeugnis dafür, wie tiefgreifend das Emotionschaos sein kann und wie sehr es einen Menschen gleichsam überschwemmt. Wer die Worte auf sich wirken läßt, wer den Mut hat, sie ohne Abstriche auf- und anzunehmen, wird in Zeiten eigener Betroffenheit seine Leidens-Situation besser verstehen können. Wo wir hingegen als Begleitende herausgefordert sind, können die beschriebenen Erfahrungen unsere Fähigkeit des Einfühlens klären und vertiefen. Sicher ist, daß diese Texte in der Artikulierung des Klagens uns schließlich aufzeigen, wie das Chaos in eine neue Ordnung einmündet. Für die einfühlsam Lesenden wird erfahrbar: Es muß und es kann etwas beendet werden, ein Neuanfang ist möglich.

3. Das Suchen und das Sich-neu-Finden – Zusichkommen

Der uns entrissene Mensch kommt nicht zurück – nie mehr. Er ist und bleibt uns verloren. Daran gibt es nichts zu rütteln. Der Tod ist und bleibt endgültig. Doch wird jetzt der Schritt möglich hin zum *„Annehmen des Unannehmbaren"* (Paul Tournier)[4]. Das scheinbar Menschenunmögliche wird möglich. Die Artikulation dessen, was Tod in seiner ganzen Brutalität ist, bewirkt Distanz. Das Ausdrücken-Dürfen der Gefühle aus der Sprachlosigkeit in die mitteilende Sprache drängt über sich selbst hinaus. Alles kommt neu in Bewegung, will Veränderung. Wo solche Expression möglich wird, wird sie Anstifterin zum Aufbruch, zur Überwindung des Leidens und zur Wiedergewinnung der Lebenskraft und des Lebensmutes.

---

[4] Tournier, P.: Geborgenheit, Sehnsucht des Menschen, Bern o. J.

„Was sucht ihr den, der lebt, bei den Toten, und was seid ihr so traurig und sucht ihn in seinem Grab? Erhebt euch, all ihr Schwestern und Brüder, denn die Nacht hat ein Ende, es kommt schon der helle Tag." In diesem alten Osterlied (in Anlehnung an Lukas 24,1–9) wird erzählt, was jeder Trauernde schließlich erfährt: Seine Leidensgeschichte wird zur „Steh-auf-Geschichte". Sie beginnt in der Passivität des Schocks, läuft über den Aufschrei der Gefühle hin zum Anfang einer nach vorn offenen Zukunft. Eine neue Perspektive zeichnet sich ab und ermöglicht jene Bewegung, die notwendig ist, um zur vierten Stufe zu gelangen: Das Leben kann wieder in die Hand genommen werden, andere Lebens- und Seinsmöglichkeiten werden am Horizont sichtbar und entwickeln eine eigene Stoßkraft. Hinter dem Chaos der Gefühle, dem Ärger, der Trauer, der Wut ... zeichnet sich eine offene Weite ab, die es nun zu entdecken gilt.

4. Der neue Lebensbezug – Ein neues Leben

Lebensprozesse brauchen ihre Zeit. Man kann nichts erzwingen, man kann nicht drängeln. „Alles hat seine Zeit", so lesen wir schon im alttestamentlichen Buch der Prediger. „Geboren werden hat seine Zeit und Sterben hat seine Zeit, Weinen hat seine Zeit und Lachen hat seine Zeit, Totsein hat seine Zeit und Heilsein hat seine Zeit ..." (Koh. 3,1–8).

Ja, so ist Leben! Ein Spannungsbogen der Zeit in ihrer wandelbaren Qualität, die sich uns zeigt *als eine Zeit des*

Sterbens und Loslassen-Müssens und als eine Zeit für die Morgenröte des Lebens. Die Morgenröte ist auch ein Ostersymbol, ein Auferstehungssymbol. Wenn wir uns darauf einlassen, erfahren wir, daß eines Tages die Zeit des Auferstehens gekommen ist. Jetzt geht es wirklich um das Aufstehen, das Auferwecktwerden; um die Anstiftung zum Aufstand gegen Not und Tod, um eine neue Lebendigkeit zu finden. Allerdings kann man diese Lebendigkeit nicht selber machen, sie erwächst uns auch nicht aus eigenem Wollen.

Vielleicht hat der Trauernde über lange Zeit mit Gott gehadert, hat ihm Vorwürfe gemacht, gezürnt, geflucht ..., vielleicht auch gebetet, gefleht, verhandelt ... und erfährt nun diesen seinen Gott ganz anders, als den ganz anderen. Nicht mehr als ein Zerstörer und Vernichtender, sondern als ein Aufbauender und als eine Kraft, die hinter allem steht: ein Gott der Lebendigkeit, der Dynamik, der Beweglichkeit und der Bewegung auf ein neues hin. Es gilt nun, dieses Neue einzulösen, neue Beziehungen zuzulassen, neue Bindungen einzugehen, neue Aufgaben zu finden.

Trauerprozesse sind Lebensprozesse

Prozesse sind Wege, die uns weiterführen wollen, es sind Wege innerhalb eines Lebens, das immer neue Ansprüche an uns stellt. So sind wir im Trauerprozeß gerufen, die „Mauer des Todes zu überfliegen", die Zeit der Entfremdung zu durchwandern, um schließlich zu erfahren, daß die Tür zum eigenen Lebenshaus sich wieder geöffnet hat. Wo die Prüfungen des Lebens bewältigt werden, ist eine *Rückkehr in größeren Reichtum* möglich. Dieser Reichtum ist außen vielleicht nicht wahrnehmbar, er ist von seelischer Beschaffenheit und Güte und erfaßt uns an der Wurzel unserer Existenz als ein *„Mehr", ein Mehr an Reife, an Lebendigkeit und Lebensqualität.* Wir könnten auch sagen, daß der Mensch auf diesem Weg dem *Leben in sich selbst* begegnet. Darin wächst ihm eine *reifere Identität* zu, eine größere Einsicht in das eigene Lebensgesetz und in die eigene Wesensbestimmung.

Es sind dies Wandlungswege, die immer auch hinführen zu mehr Verantwortlichkeit für die Ganzheit des Lebens. Denn diese neu entdeckte oder wiedergefundene Ganzheit macht uns auf eine neue Weise fruchtbar für das Leben miteinander und füreinander. In einem der letzten Texte *„So wie du anderen hilfst"* leuchtet diese Erfahrung auf eine höchst eindrückliche Weise auf:

> Beginne, etwas von deiner Energie anderen
> zu widmen, nicht nur dir selbst.
>
> Wer anderen Sonnenschein bringt,
> kann ihn nicht von sich selbst fernhalten.
>
> (Sir J. Barrie)
>
> Du in deiner Trauer
> kannst ihnen jetzt helfen.

Lebensdurchgänge und Krisen, so schmerzhaft sie sein mögen; Sterbeerfahrungen und Trauerprozesse, so lebensbedrohlich sie auch immer sich zeigen; sie dienen letztlich doch wieder dem Leben.

Die Nachtstunden der Trauer sind – wie andere Krisenerfahrungen auch – Teil des Lebens. Krisen sind ihrem Wesen gemäß kritisch, bedrohend, ja lebensbedrohlich. Ebenso wahr ist aber auch, daß jeder Nacht ein neuer Morgen folgt. Daß es Nacht wird, kann der Mensch nicht beeinflussen, ebensowenig kann er sich der Unausweichlichkeit von Nachtstunden entziehen. Trotzdem müssen wir nicht hilflos bleiben, aber Einfluß nehmen können wir nur *in der Art und Weise des Damit-Umgehens.* Viktor Frankl spricht von der *„Trotzmacht des Geistes",* die letztlich als Motor der Lebensbewältigung bezeichnet werden könnte. Der Motor jeder Nachtstunde ist die Dynamik, die auf den Morgen hinstrebt, der Motor jeder Krise ist die Entwicklung, und der Motor jeder Trauererfahrung ist die Wandlung.

Wir müssen lernen, Lebenseinbrüche in deren Dynamik und Zielrichtung besser zu verstehen, um sie bestehen zu können. In diesem Sinne möchte auch dieses Buch eine Hilfe sein. Es zeigt die Gesetzmäßigkeit solcher Prozesse in leicht nachvollziehbaren Schritten auf, die Texte folgen der uns allen innewohnenden Spur. Die Botschaften sind zwar die Botschaften eines individuellen Menschen, aber nicht nur. Sie sind auch Ausdruck von Grundgesetzen, die wir alle immer schon in uns tragen.

Wenn wir es lernen, auf sie zu hören, sie *individuell* zu entschlüsseln – denn jeder und jede trauert seine/ihre ureigene und daher individuelle Trauer! –, können wir sie für unser eigenes Leben fruchtbar werden lassen und sie als Reifechancen nutzen.

Das durch den Tod zur Ganzheit gelangte Leben offenbart uns diese Reife auch in einem neuen Sinn. Dieser Sinn heißt: trotzdem leben. So vollendet sich der Weg der Trauer als ein Kreis, der nicht stillsteht, sondern in stets neuem Kreisen dem Leben dient:

Das Leben geht weiter, nicht einfach als ein Leben, das um einen verlorenen Menschen ärmer geworden ist, sondern als ein Leben, das sich auch reicher und erfüllter zeigt als vorher. Der höchste Sinn besteht wohl darin, daß wir der Einheit mehr und mehr entgegenwachsen, geläutert auf einem Reifeweg, in dem uns ein „mehr an Liebe" geschenkt wird.

Nichts trennt uns mehr

Ich kehre zurück
an die Orte,
wo wir uns begegnet sind,
und du bist wieder da.

Ich gehe die Wege,
die du gegangen bist,
du gehst wieder mit mir.

Ich freue mich an dem,
was dich weiterhin erfreut hätte,
ich sehe dich mitlächeln.

Ich gehe den Spuren nach,
die du hinterlassen hast,
und begegne dir immer wieder.

Nichts kann uns trennen,
wenn uns so viel verbindet.

(Klaus Huber für Wolfgang M., in: Ferment 11/90)

Vorwort

*E*s ist nicht möglich, den alles durchdringenden Schmerz eines Verlustes zu verstehen – bis der Tod jemanden trifft, den oder die du liebst. Beim Tod eines geliebten Menschen fühlst du, daß auch ein Teil von dir gestorben ist. Du fürchtest, daß dein Schmerz für immer andauern wird. Du fragst dich, ob du jemals wieder Freude erfahren wirst. *Laß deiner Trauer Flügel wachsen* ist für dich geschrieben – um dir zu helfen, deine Trauer zu verstehen, dich durch sie hindurchzuarbeiten und die Scherben deines Lebens aufzusammeln. Dein Leben ist einmalig und von so unschätzbarem Wert.

Dank sage ich den Tausenden tief verwundeten Männern, Frauen und Kindern, die bereit waren, mir von ihren zerrissenen Herzen zu erzählen. Sie sind meine Inspiration gewesen. Ich hoffe, daß auch diese neue Ausgabe den Menschen helfen wird, die einen solchen Schmerz erlitten haben. Trauer ist ein Prozeß. Es liegt jetzt an dir, wieder zu dir selbst zu finden.

Über dieses Buch

*I*n diesem Buch geht es um den Tod.
Es ist für dich geschrieben, die oder der du
den Verlust eines geliebten Menschen erlitten
hast – eines Ehepartners, eines Kindes, eines Bruders
oder einer Schwester,
von einem Verwandten oder einem Freund.
In dem Tagebuch deines Lebens
   ist ein Kapitel zu Ende gegangen.

In diesem Buch geht es um das Leben.
Ein neues Kapitel beginnt,
und es baut in seiner Handlung
auf die Seiten auf, die vorangegangen sind.

Ich hoffe, daß dieses Buch dir helfen wird,
mit den Gefühlen deiner Trauer weise umzugehen.
Und ich hoffe, daß es dir gelingen wird,
dem Tod deines lieben Menschen
kreativ
zu begegnen.

Ein Leben ist zu Ende gegangen; das Leben geht weiter.

SCHOCK

DER MENSCH, DEN DU LIEBST, IST GESTORBEN

*J*eder Mensch stirbt.

Das hast du als Kind gelernt.

Bei zahllosen Anlässen hast du dir vorgestellt,
wie du dich verhalten würdest,
wenn
plötzlich die Stunde des Todes schlägt.

*D*ein lieber Mensch *ist* gestorben.
Du bist unvorbereitet.

Der Tod hat dich überrollt wie
eine Flutwelle.
Du bist von deiner Verankerung
losgerissen.
Du ertrinkst fast in dem Meer
deines ganz persönlichen Unglücks.
Der Mensch, der ein Teil deines Lebens
gewesen ist, hat dich für immer verlassen.

Es ist endgültig, unwiderruflich.
Ein Teil von dir ist gestorben.

Der stechende Schmerz der Vergänglichkeit

Der Tod macht dich hilflos und klein.
Du lebst in einem Alptraum.

Du denkst: „Ich habe
den tiefsten Punkt der Verzweiflung
erreicht. Weiter kann ich nicht gehen."

Und doch gehst du weiter.

*E*s gibt keinen Trost.

Das Abwesende wird zur alleinigen Gegenwart.

Zu viel ist ungesagt geblieben,
unvollendet, unerfüllt.

Es gibt so vieles, was du teilen wolltest.
Du fühlst ein überwältigendes Verlangen,
mit deinem geliebten Menschen
wiedervereinigt zu sein.
Du möchtest diese unbarmherzige Trennung
ungeschehen machen.

*W*ie kannst du weiterleben?

Deine Welt ist zerbrochen.

Du weißt weder aus noch ein, bist allein
in der schwierigsten Situation, die es
im Leben gibt.

Du fühlst dich so verloren.

WARUM?

*W*ie oft hast du in glücklichen Zeiten
gefragt:
   „Warum?"

Als dein Leben unter einem guten Stern stand und
voller Freude war, hast du da gefragt:
   „Warum?"

Nun hat der Tod deinen Glauben erschüttert:
   „Warum?"
   „Warum ich?"
   „Warum bin ich nicht zuerst gestorben?"
   „Warum muß es in meinem Leben solches Leid geben?"
   „Warum?"

*E*s gibt keine glatten Antworten.
Niemand versteht
das Geheimnis des Todes ganz.

Selbst wenn die Frage beantwortet würde,
wäre dein Schmerz gelindert,
wäre deine Einsamkeit weniger schrecklich?

Es gibt keine Antwort, die die Kluft
dieser unwiderruflichen Trennung
überbrückt.

Es gibt keinen wirklichen Ausweg
aus einem unlösbaren Dilemma.

Nicht auf alle Fragen gibt es Antworten.

Unbeantwortete *Warums* sind ein Teil
des Lebens.

UNGEBETENE RATSCHLÄGE

*J*eder weiß, was für dich am besten ist.
Andere Menschen spenden dir
Worte des Trostes:

„Ich weiß genau, wie du dich fühlst."
  (Du möchtest schreien: „Das tust du nicht!
  Wie kannst du nur wissen, was
  ich durchmache?")

„Es geht dir ja gut."
  („Weißt du denn, wie ich mich fühle,
  wenn du gehst?")

„Der Mensch, den du liebst, hat ein reifes,
hohes Alter erreicht."
  („In jedem Alter ist der Tod ein Räuber.")

„Andere haben das auch schon durchlebt."
  („Ich kümmere mich nicht um die anderen.
  In diesem Augenblick kümmere ich mich
  um mich selbst.")

„Es ist Gottes Wille."
    („Ein solch unversöhnlicher und rachsüchtiger
    Gott wäre mein Feind.")

*E*s zerreißt dir dein Herz –
und sie geben dir abgedroschene Phrasen.

Du kannst sehen, daß auch sie betroffen sind.
Sie fühlen sich bedroht und unbehaglich.
Aber sie nehmen Anteil, so gut
sie es können.

Nimm ihre Gesellschaft an,
aber ihre Ratschläge mußt du nicht befolgen.

Du kannst einfach sagen: „Danke,
daß ihr gekommen seid."

Und dann tue, was am besten ist – für
dich.

Es ist allein dein Schmerz

*M*ein lieber Mensch ist gestorben.
Das tut *MIR* so weh.
Ein Stück *MEINES* Lebens hat sich dadurch verändert.
ICH weiß nicht, was tun.

Achte auf die Wörter:
    ICH – MIR – MEIN.
Das sind die Fürwörter der Trauer.
Du mußt dich nicht dafür schämen, daß
Du alles auf dich beziehst.

Wie schon Rabbi Hillel gesagt hat:
    „Wenn ich nicht für mich da bin,
    wer dann?"

UND ES TUT WEH

*W*enn du jemanden verlierst, trauerst du.
Es ist schwer, die Verbindungen
mit deiner Vergangenheit komplett
abzubrechen.
Nie wieder wirst du das Lachen
deines lieben Menschen hören.
Du mußt die Pläne, die du gemacht hattest,
fallen lassen und deine Hoffnungen
aufgeben.

Wie alle Menschen, die den Verlust
eines geliebten Menschen erleiden,
gehst du durch einen Prozeß
des Trauerns.

*D*ie Zeit zu trauern ist JETZT.
Du solltest die Reaktionen deiner Trauer
weder unterdrücken noch übersehen.
Sonst werden deine Gefühle
wie schwelende Glut sein,
die später wieder aufflammen und
eine um so gefährlichere Explosion
verursachen kann.

Trauer bedeutet unerträglichen Kummer,
Traurigkeit, Einsamkeit.
Weil du geliebt hast, begleitet dich
die Trauer auf Schritt und Tritt.

Trauer ist eines der ureigensten
menschlichen Gefühle.
Trauer ist sehr, sehr normal.

ABER DER SCHMERZ IST SEHR UNTERSCHIEDLICH

*E*s gibt keinen Weg vorherzusagen,
wie du dich fühlen wirst.

Die Reaktionen der Trauer sind
nicht wie Rezepte
mit vorgegebenen Zutaten
und sicheren Ergebnissen.

Jeder Mensch trauert auf
unterschiedliche Weise.

*E*s kann sein, daß du hysterisch weinst
oder
daß du innerlich gefaßt bleibst und
wenig von deinen Gefühlen zeigst.

Es kann sein, daß du wütend gegen
deine Familie und Freunde wetterst
oder
daß du deine Dankbarkeit für
ihre Sorge ausdrückst und dafür,
daß sie immer für dich da waren.

Es kann sein, daß du ruhig bist
und einen Augenblick später
in Aufruhr gerätst.

Die Reaktionen sind vielfältig und
widersprüchlich.

*T*rauer ist universell.
Und zugleich ist sie
zutiefst persönlich.

Überwinde sie auf deine eigene Weise.

LEIDEN

Die vielen Gesichter der Trauer

*D*eine Trauer ist nicht nur beängstigend,
sondern auch unberechenbar.

Auch wenn jeder von uns dem Tod
auf andere Weisen begegnet,
gibt es doch auch gemeinsame Erfahrungen.

Diese Gefühle wirst du möglicherweise wiedererkennen:

Erstarrung

Leugnung

Wut

Panik

Körperliches Leiden

Schuld

Niedergeschlagenheit

*D*iese Emotionen sind deine
Variationen über das Thema Trauer.

Wenn du diese Reaktionen an dir erlebst,
bist du *nicht* anormal.

Es gibt keinen Weg vorbei am Gefühl
des schmerzlichen Verlusts.

ERSTARRUNG

*D*u bist geschockt.
Nichts erscheint wirklich.
Du bist wie abwesend.
Menschen sprechen mit dir;
du antwortest nicht.

Du stehst neben dir.
Deine Gefühle sind betäubt.
Du hast deine Fähigkeit verloren,
dich zu konzentrieren.

Du hast keine Energie.
Es kommt zu einer Verlangsamung in deinem Sprechen,
in der Weise, wie du dich bewegst.

Du bist buchstäblich vor den Kopf geschlagen.

*D*as sind Zeichen einer vorübergehenden
Lähmung –
wie ein Schutzmechanismus.

Deine Empfindungen sind erstarrt;
du fühlst dich, als wärest du unter
Narkose.

Wegen dieser Erstarrung
fühlst du nicht alles
auf einmal;
du hast die grausame Realität
vom Tod deines geliebten Menschen
nicht vollständig erfaßt.

LEUGNUNG

„*O*h, lieber Gott, es ist nicht wahr."

„Das kann doch gar nicht sein,
daß mir das passiert!"

„Es muß sich um einen Irrtum handeln."

„Wenn ich aufwache, werde ich merken,
daß das alles gar nicht wirklich ist."

*I*nsgeheim denkst du oder stellst dir vor,
daß der Mensch, den du liebst, noch
lebt.

Du sprichst von der Person im
Präsens.

In dem Zimmer wird nichts angerührt.
Die Kleider bleiben unangetastet
auf den Bügeln hängen.

Das Telefon klingelt.
Für einen Sekundenbruchteil denkst du, es ist
der Mensch, den du liebst.

Dein geliebter Mensch ist nicht gestorben.
Das Leben wird so weitergehen wie zuvor.

Du hast die Hoffnung nicht aufgegeben,
daß der Mensch, den du liebst,
zurückkommt.

Du lebst in der Vergangenheit
und hoffst, sie zurückholen zu können.
An die Gegenwart zu denken ist
ein Ausdruck der Treulosigkeit.

Du brauchst Zeit.

Leugnen und Unglaube sind erste
Reaktionen auf das,
was dir widerfährt.

WUT

„Schau dir meinen Nachbarn an, den alten Nichtsnutz.
Er erfreut sich bester Gesundheit!
Warum ist nicht er gestorben?
Warum ist das meinem geliebten
Menschen zugestoßen, der so wundervoll
war?
Was ist das für ein Gott,
der mir das antun kann?
Alles ist so ungerecht."

*J*emand hätte etwas dagegen tun sollen.

Du ärgerst dich über jeden, der
mit dem Todesfall zu tun hat – Arzt,
Krankenschwester, Bestatter, Priester.
Du fühlst dich, als würdest du bestraft
und verfolgt für eine Sünde, die du nicht
begangen hast.

Versuche deiner Freunde, an dich
heranzukommen, weist du zurück.
Wie können sie es wagen, von deiner Zukunft zu reden,
da du doch weißt, daß du vom Leben
nichts mehr zu erwarten hast.

*D*u bist furchtbar wütend über deinen
geliebten Menschen, daß er dich verlassen hat.
Er hat seine „Ruhe", aber
auf deinen Schultern lastet nun
das Gewicht der Welt.

Du glaubst vielleicht, daß die
Person, die gestorben ist, wundervoll
und mächtig war.
Darum fragst du dich, warum
er oder sie nicht diese außergewöhnlichen Kräfte
genutzt hat, um am Leben zu bleiben.

Besonders wütend bist du auf
dich selbst.
„Warum habe ich nicht besser für sie oder ihn
gesorgt?" fragst du dich immer wieder.

Deine Wut ist weder richtig
noch falsch.

Sie sollte gewürdigt,
nicht unterdrückt werden.
Wütende Gedanken und Gefühle
helfen dir, Ohnmacht auszudrücken.
Du möchtest zum Schlag ausholen gegen
diejenigen, die dein Leiden verursacht haben.

Ärger und Wut sind normaler Anteil
deiner Trauerarbeit.
Dein Schmerz wird abklingen, und so
wird sich auch deine Wut legen.

PANIK

„*W*as wird mit mir
geschehen?"

Deine Muskeln sind fest und angespannt.
Deine Gedanken rasen hin und her.
Du kannst nicht klar denken.
Einfache, alltägliche Entscheidungen
werden zu schwerwiegenden Problemen.

*D*eine Gefühle sind durcheinander:

allein,

verwirrt,

hilflos,

ohne Hoffnung.

„*W*enn ich den Menschen, den ich liebe,
nicht zurückholen kann, sollte ich
mich vielleicht zu ihm begeben."

Selbstmord.

„So etwas auch nur zu sagen,
ist verrückt.
Verliere ich den Verstand?"

*N*ein.

Der Schmerz hat dich leer und ausgepumpt
zurückgelassen.
Was hast du erwartet?
Die Lücke sofort zu schließen?
So weiterzuleben wie bisher?

Es gibt keine Abkürzung im
Trauerprozeß.

Du mußt dich hindurcharbeiten.

KÖRPERLICHES LEIDEN

*D*u bist nicht nur geistig und seelisch durcheinander;
du leidest auch körperlich,
und es kann sein, daß du
ungewohnte körperliche Symptome erlebst:

Übelkeit

Schwindel

Herzklopfen

zugeschnürte Kehle

trockener Mund

Gefühle von Übelkeit im Magen

Hautausschläge

Spannungskopfschmerzen

Rückenschmerzen

Appetitlosigkeit

*B*eträchtlicher Gewichtsverlust
oder auch Gewichtszunahme

Schlaflosigkeit

Seufzen

Müdigkeit
„Die Gewißheit", daß
jetzt du dieselbe tödliche
Krankheit hast, die deinen
geliebten Menschen getötet hat.
Oder daß dir ein ähnliches Unglück zustößt.

Bedrückende Gefühle bringen
körperliche Schmerzen mit sich.

*Wie ein Mensch denkt, so
ist er.*

Es ist die Antwort deines Körpers
auf den Verlust.

SCHULD

„*H*ätte ich doch nur …

den geliebten Menschen,
freundlicher behandelt,

den Arzt früher gerufen,

das volle Ausmaß der Krankheit
erfaßt,

mich besser um ihn oder sie gekümmert,

meine Geduld nicht verloren,

meine Zuneigung häufiger
gezeigt.“

*W*enn der Tod kommt, wird das Leben
geprüft.

Dir werden deine Fehlschläge aufs tiefste bewußt,
die wirklichen und die eingebildeten.
Du möchtest Fehler der Vergangenheit berichtigen.
Du wünschst, du könntest das Unrecht ausgleichen,
das du begangen hast.

Manche Menschen bestrafen sich sogar selbst
mit selbstzerstörerischen Handlungen,
als ob sie sagen wollten: „Sieh, wie sehr
ich leide. Beweist das nicht
meine große Liebe?"

Durch Selbstbeschuldigungen willst du
all jene Dinge ungeschehen machen,
wegen derer du dich jetzt schuldig fühlst.

Und vielleicht warst du schuldig.
Vielleicht hast du Dinge gesagt, die du
nicht hättest sagen sollen.
Vielleicht hast du es versäumt, Dinge zu tun,
die du hättest tun sollen.
Aber wer hat das nicht?

Was geschehen ist, ist geschehen.
Es kann nicht geändert werden.
Dein Schmerz ist schon zu groß,
um noch die Last der Selbst-
anklagen, Selbstvorwürfe und
Selbstverachtung hinzuzufügen.

Ein weiser Geistlicher hat einmal gesagt:
„Ich glaube, daß Gott dir vergibt.

Die Frage ist:
    Wirst du dir selbst vergeben?“

Niedergeschlagenheit

*D*u interessierst dich nicht mehr dafür, wie du
aussiehst oder angezogen bist.
Du hast keine Selbstachtung.
Du fühlst dich fehl am Platz und ohne Wert.

Da du dich selbst nicht annimmst, glaubst du,
daß du auch die Zuneigung deiner Familie und Freunde
nicht verdient hast.
Sie hingegen verstehen deine plötzliche
Teilnahmslosigkeit und Zurückgezogenheit nicht.

*D*ir kann nichts
und niemand gefallen.

Du fühlst dich nackt und schutzlos.

Du hast das Interesse nicht nur an dir selbst
und den Menschen um dich herum verloren, sondern
am Leben überhaupt.

Du fühlst dich leer, und so empfindest
du auch die Welt, die dich umgibt.

*D*iese Niedergeschlagenheit ist nicht Schwäche.
Sie ist eine psychologische Notwendigkeit.
Sie ist eine der verschlungenen
Wege von Leid und Verlust.
Sie ist Teil der traurigen Arbeit,
„Ade" zu sagen zu deinem
geliebten Menschen.

ZUSICHKOMMEN

AKZEPTIERE DEINEN VERLUST

*D*er Mensch, den du liebst, ist nicht

„auf eine lange Reise gegangen"
„hinübergegangen"
„entschlafen"
„verschieden"
„von der Bühne des Lebens abgetreten".

Der Mensch, den du liebst, ist *gestorben*.

Versuche, Ausflüchte, Beschönigungen und
Märchen zu vermeiden.

Hör auf, dir die Welt zurechtzuphantasieren.

*D*as, was ist –
was nicht geändert werden kann –,
muß angenommen werden.

Auch wenn es vielleicht die schwerste
Aufgabe ist, der du dich jemals gestellt hast,
du mußt jetzt der Realität ins Auge blicken.

Die Tragödie zu leugnen, bedeutet nicht
geistig-seelische Gesundheit.

Geistig-seelische Gesundheit heißt, den Schmerz
anzuerkennen und zu versuchen, mit ihm
zu leben.

*D*ie Beerdigung ist vorbei.
Die Blumen sind verwelkt.
Nun wird der Verlust wirklich.
Dein geliebter Mensch *ist tot.*

Kannst du das Wort aussprechen: *tot?*

Versuch es.

Der Tod ist eine Tatsache, eine bittere Tatsache.
Mach dir das klar.

Oh Gott,
Gib mir den Mut, die Dinge zu verändern,
die ich verändern kann,
die Gelassenheit, das anzunehmen, was ich
nicht ändern kann,
und die Weisheit, beides voneinander zu
unterscheiden.

Thomas C. Hart

ZEIGE DEINE GEFÜHLE

*E*s gibt Menschen, die zu dir sagen werden:
„Sei stark."
„Sei tapfer."
Beachte sie nicht.

In diesem Augenblick ist Selbstkontrolle
keine Tugend.

Es ist unmöglich,
mit deiner schweren emotionalen Last
rational umzugehen.

Die „Tapferen", die die Ohren
steifhalten,
machen sich vielleicht noch unglücklicher.

*D*u willst vergessen, willst fliehen,
willst schlafen.

Beruhigungsmittel, „Stimmungspillen", Schlaf- oder
Aufputschmittel scheinen ein einfacher Weg zu sein,
um deinen quälenden Schmerz zu lindern.

Nimm dich vor der Hausapotheke in acht!

Wenn dir dein Arzt Medikamente verschreibt
und du sie einnehmen möchtest,
halte dich genau an seine oder ihre Anweisungen.

Denn wenn du unter Streß stehst,
kann ein gesundes Maß schnell überschritten werden.

Entscheide nicht selbst,
welche Dosen du nehmen solltest.

*H*alt im Alkohol zu suchen, kann
ebenfalls schädlich sein.

Ersetze das Angewiesensein auf Menschen
nicht durch das Angewiesensein auf Drogen.

Laß deinen Emotionen freien Lauf.

Aber das kannst du nicht, wenn du
von Betäubungsmitteln abhängig bist, die
dein Gedächtnis und dein Fühlen beeinträchtigen können.

*W*einen ist ein Mittel,
mit dem du einen Weg aus den
Tiefen der Verzweiflung finden kannst.

Natürlich wird dein Weinen deinen geliebten
Menschen nicht zurückbringen.
Aber deshalb weinst du ja.
Weil du den Menschen, den du liebst, nicht
ins Leben zurückrufen kannst.

Tränen sind kein Zeichen von Schwäche.
Wenn die Mitglieder einer Familie,
wenn Männer und Frauen
zusammen weinen, teilen sie den unsäglichen
Schmerz des Verlustes.

Darum bringe deine Gefühle der Trauer zum Ausdruck;
Erlaube dir, dein Leid zu zeigen.

SPRICH ES AUS

*U*nd es werde Sprache.
Faß deine Gefühle in Worte.
Benenne deine Emotionen mit ihren
richtigen Namen:

„Ich bin wütend."

„Ich bin traurig."

„Ich bin verletzt."

Sprich diese Sätze laut aus.
Schreie sie, wenn du willst.
Vielleicht fühlst du dich erleichtert.

Manche Menschen führen ein Tagebuch,
um ihre Gefühle
zu Papier zu bringen.
Vielleicht möchtest du das versuchen.

*W*iederhole immer und immer wieder
alle Umstände,
die mit deinem Verlust zu tun haben.

Blicke auf beides zurück:
auf die angenehmen und
die unangenehmen Erinnerungen.

Auf die angenehmen – wegen der Liebe,
die ihr miteinander geteilt habt.
Auf die unangenehmen – denn zu jeder Beziehung
gehört Unzufriedenheit genauso
wie Freude.

*S*prich darüber.
Drücke deine Gefühle aus.
Lebe deine Trauer.

Kummer und Leid sind wie ein Fluß.
Sie müssen sich einen Weg bahnen,
sonst wird das Ufer ausgewaschen.

EIN NEUES LEBEN

LASS DIR ZEIT

*D*as Leben ist nicht gerecht.
Du mußt einen Weg finden,
mit einem ungerechten Leben zurechtzukommen –
ohne den Menschen zu leben, den du geliebt hast.

Wie fängt man das an?

*V*ielleicht irgendwo anders, mit einem ganz neuen Anfang,
der dich von deinen
schmerzhaften Erinnerungen wegbringt.

Warum also nicht ...

dein Haus verkaufen?

In eine andere Stadt ziehen?

Wirklich von neuem anfangen.

*W*arte!

Dein Urteil ist jetzt unsicher.
Sich an ein neues Leben zu gewöhnen,
verlangt Zeit und Überlegung.

Zu viele Menschen haben vorschnell
ihre vertraute Umgebung verlassen und
woanders nur noch größere Verwirrung und
Unsicherheit gefunden.

Verschiebe wichtige Entscheidungen, wenn du es kannst.

Gehe. Laufe nicht.

*Du kannst nicht am Morgen
eine Eichel pflanzen und erwarten,
am selben Nachmittag im Schatten
der Eiche zu sitzen.*

Antoine de Saint-Exupéry

ERINNERUNGEN AN DIE VERGANGENHEIT... EINE BRÜCKE IN DIE ZUKUNFT

*D*ie Tiefe deines Kummers nimmt
langsam und manchmal unmerklich ab.

Dein Wieder-zu-dir-Kommen ist kein Akt
der Untreue gegenüber dem Menschen, der gestorben ist.

Schließlich kannst du die Vergangenheit
nicht einfach „vergessen".

*B*ilder und Andenken können greifbare
Erinnerungszeichen vergangener Tage sein.

Versuche nicht, einen schönen
Teil deines Lebens zu zerstören, weil
dich die Erinnerung daran schmerzt.

Als Kinder von heute und von morgen
sind wir auch Kinder von gestern.

Die Vergangenheit begleitet uns,
und was gewesen ist, macht uns zu dem,
was wir sind.

*A*ber Erinnerungen sind nicht genug.

Werde nicht ein „Sklave" der
Vergangenheit, indem du deine Andacht
am Schrein des Gedenkens hältst,
den du selbst errichtet hast.
Es hat keinen Sinn zu glauben: „Alles ist so,
wie es war. Nichts hat sich verändert."

Wenn du das glaubst, verhinderst
du den Bau einer Brücke in die
Zukunft.
Du würdest in einer Welt leben, die
ausschließlich aus Erinnerungen bestünde.

Suche nach dem empfindlichen Gleichgewicht
zwischen einem Gestern und den damit verbundenen
Erinnerungen
und einem Morgen, das geschaffen werden muß.

ZEIT ALS MEDIZIN

*T*rauerarbeit braucht Zeit.
Wie lange?
Das hängt sehr stark von dir und deiner
Beziehung zu deinem geliebten Menschen ab.

Wann ist der Mensch, den du liebst, gestorben?
War es nach einer langen Krankheit?
Wie viel Hilfe wurde dir zuteil?

Glaubst du, daß es ein Zeugnis deiner Liebe ist,
wenn du deine Trauer andauern läßt?

*W*eil es so viele verschiedene Umstände gibt,
kann eine Person den Faden schneller
wiederaufnehmen und sich neue Verhaltensmuster schaffen,
während eine andere sich – selbst nach
einer langen Trauerzeit – immer noch
nicht auf ein neues Leben einstellen kann.

*D*u wirst oft ins Rutschen geraten und fallen,
bevor du das Gefühl hast, wieder
festen Boden unter deinen Füßen zu haben.

Gerade machst du große Fortschritte, da
erleidest du einen erschreckenden Rückschlag.

Das kann an einem Feiertag, Geburtstag,
Jahrestag geschehen.

Oder es kann ausgelöst werden durch dein
Lieblingslied, das im Radio gespielt wird.

Du denkst, du bist dahin zurückgeschleudert worden,
wo alles anfing – zum bitteren
Augenblick des Todes.

Aber bedenke, daß Schmerz –
wie Ekstase – nicht ewig andauert.

„Zeit heilt alle Wunden", sagen viele Menschen.

Sie kann.
Sie kann helfen, deinen Schmerz zu dämpfen.

Aber die Zeit allein
wirkt nicht mit Sicherheit als Medizin.

Zeit ist unbestimmt.

Es kommt darauf an, was du mit der Zeit anfängst.

*B*enutzt du die Zeit, um der Tatsache
ins Auge zu sehen, daß dein lieber Mensch
tot ist?

Benutzt du die Zeit, um deinen Ängsten und
Sorgen Luft zu machen?

Benutzt du die Zeit, um zu lernen, dich zu freuen,
ohne Schuldgefühle zu entwickeln?

Benutzt du die Zeit, um ein neues Leben
mit neuen Freundschaften aufzubauen?

Gibt es in deinem Leben eine Aufwärtsbewegung,
die dich aus dem Tief
herausführt?

Du mußt der Zeit helfen, damit sie heilen kann.

TU ETWAS –
SELBST ALLTAGSDINGE TUN GUT

*E*s ist schwer, mit einer neuen Lebensweise
zu beginnen.

Du bringst einfach nicht die Energie
oder Konzentration auf, um von neuem anzufangen.

Es ist schwierig, sich erkenntlich zu zeigen
für die Kondolenzbriefe
und Beleidsbezeugungen.
Und selbst ein Testament zu suchen oder
Versicherungspolicen durchzusehen, ist schwierig.

*D*iese Dinge zu tun ist quälend,
weil sie die Trennung dauerhaft
zu machen scheinen.
Du findest Ausreden, um nicht das zu tun,
was du tun mußt.

Und doch mußt du,
ob du es willst oder nicht.

*D*u lehnst Einladungen von Freunden ab.
Erfindest du Ausflüchte, um zu Hause
zu bleiben?

Das ist verständlich.
Dein Zuhause ist nun dein Asyl.
Es ist sicher, abgeschlossen,
es gewährt dir Schutz.
Zu Hause zu bleiben bewahrt dich davor,
anderen Menschen begegnen zu müssen.
Da du dich schlecht fühlst, wenn du
das Haus verläßt, ziehst du dich zurück.

Aber du mußt zugeben, daß du dich
in die Einsamkeit flüchtest.

*W*enn du zum ersten Mal dein Haus verläßt,
um zum Markt zu gehen, kann es sein, daß
du von Traurigkeit überwältigt wirst.

Vielleicht bist du über dich selbst erstaunt,
wie du weinst, als die Marktfrau dir ihr
Beileid ausdrückt.

Aber sobald du es getan hast,
ist es vorbei.

Die Tortur mußt du
mit dieser Person nicht nochmals durchmachen.

Du hast es geschafft.
Du hast das Haus verlassen.
Du existierst auch weiterhin.

Nicht wie zuvor.
Nicht so, wie du es dir wünschen würdest,
wenn du die Wahl hättest.

Aber du fängst wieder von neuem an.

*D*u mußt dich jetzt
auf die Zukunft vorbereiten.
Mache eine Liste der Dinge, die in
den nächsten Tagen zu tun sind.

Mache einen Plan.

Du mußt ihn nicht genau befolgen,
aber habe einen Plan.
Du mußt dich der bitteren Tatsache
stellen, daß du zum Weiterleben bestimmt bist.

Das Leben geht weiter ... nur warum, habe ich vergessen.

Edna St. Vincent Millay

LEBE TAG FÜR TAG

*E*rinnerungen – zärtliche, liebevolle, bittersüße.
Niemand kann sie dir nehmen.
Nichts kann die Freude
und das Schöne schmälern, das dein lieber Mensch
und du miteinander erlebt habt.

Deine Liebe für diesen Menschen und
seine oder ihre Liebe für dich können
durch die Zeit oder die Umstände nicht
verändert werden.
Es sind deine Erinnerungen, und du behältst sie.
Gestern ist zu Ende gegangen, aber du
speicherst es in der Schatzkammer
der Vergangenheit.

*U*nd morgen?

Wie kannst du es mit den gewaltigen
Problemen und Herausforderungen von morgen
aufnehmen?
Das übersteigt bei weitem dein Vermögen, so wie
man auch den gestrigen Tag nicht
kontrollieren kann.

Gehe jeden Tag ein Stück deines Weges.
Versuche nicht, alle Probleme deines
Lebens auf einmal zu lösen.

Tägliches Überleben
ist ein Triumph.

NEUE RESSOURCEN IN DIR ENTDECKEN

*D*u tust Dinge, die du nie
für möglich gehalten hättest.
Du entdeckst verborgene Fähigkeiten,
auf die du niemals zuvor gestoßen bist.

Niemals war es zuvor für dich
notwendig, die Konten zu prüfen.
Nach zahlreichen Versuchen
gelingt es dir schließlich.

„Niemals bin ich in der Lage gewesen,
mich um die Instandhaltung des Hauses zu
kümmern."
Gerade hast du die durchgebrannte Sicherung
ersetzt.
Oder einen tropfenden Wasserhahn
mit einem Dichtungsring versehen.

*E*s keimt ein Gefühl innerer Zufriedenheit.
„Nie hätte ich gedacht, daß ich so
viele Dinge tun könnte.
Vorher habe ich es nie gemußt."

Du wirst weniger abhängig.
Du erklärst deine Unabhängigkeit.
Du gewinnst eine neue Einstellung
zum Leben.

AUS DIR SELBST HERAUSKOMMEN

*D*u brauchst Ablenkungen,
kleine Abweichungen und Veränderungen, wie
zum Beispiel körperliche Betätigung:

Dich mit ganzer Kraft in die Gartenarbeit
stürzen,
Tennis spielen oder Golf, vielleicht
einfach im Park spazierengehen.

*G*efühle können wunderbar
freigesetzt werden durch

> Malen,
> Lesen,
> Tanzen,
> Schreiben oder
> Mitmachen bei einer Laientheatergruppe.

> Und Reisen. Eine Gelegenheit,
> neue Menschen zu treffen,
> Sehenswürdigkeiten zu bewundern und
> dein Leben ohne die tagtäglichen
> Zwänge in einem neuen Licht zu sehen.

*D*och sei am Anfang vorsichtig,
laß dich nicht zu sehr in die
Tretmühle endloser Aktivitäten hineinziehen.

In Krisenzeiten brauchst du Zeit,
um Körper, Seele und Geist
auszuruhen.
Bleib bei dir selbst.

Für-sich-Sein ist nicht Einsamkeit;
Einsamkeit ist der Schmerz des Alleinseins.
Für-sich-Sein ist der Glanz des Lebendigseins.

Im Für-dich-Sein findest du Zeit zum Denken
und um dir über dein Leben klarzuwerden.

GLAUBE UND PHILOSOPHIE

*D*er Tod ist eine Reise ins Unbekannte.

Wie du mit dem Tod deines lieben Menschen
umgehst, verrät viel darüber, wie du
das Leben siehst.
Es kann sein, daß dir deine Religion
eine philosophische Grundlage gibt,
um Momente der Dunkelheit und Verzweiflung
durchzustehen.

Religion läßt deine natürliche Furcht
vor schmerzvoller Trennung nicht
außer acht.

Vielmehr erlaubt dir dein Glaube,
bei deiner Begegnung mit Hilflosigkeit,
Schuld und Einsamkeit, an einer größeren Kraft
teilzuhaben.

Vielleicht erkennst du, daß
kein Ereignis – selbst der Tod –
dich von Gott trennt.

*D*as Begräbnis zeigt dir, welche Bedeutung
es hat, spirituelle Werte mit anderen
zu teilen.

Einzelne Bräuche und Rituale
können eine entscheidende Rolle
in der heilenden Arbeit der Trauer spielen.

Die Unterstützung durch die Kirchengemeinde
gibt ein Gefühl des Verbundenseins und des
Trostes.

Vielen hilft der Glaube an ein Leben
nach dem Tode. Er lindert den Schmerz,
wenn man begreift, daß man selbst endlich ist.

Der Glaube bietet eine Quelle der Kraft
jenseits deiner selbst.

FREUNDE UND ANDERE, DIE DIR HELFEN KÖNNEN

Geteiltes Leid ist halbes Leid.
Du fängst an, die Gesellschaft und Begleitung
anderer zu akzeptieren.
Alle Menschen brauchen die Unterstützung durch andere.

Wenn du einen engen, treuen Freund hast,
kannst du dich wahrlich glücklich schätzen.

Ein Mensch, der mit dir die dunklen Zeiten
deiner Trauer teilt,
damit du auf deinem leidvollen Weg
nicht allein gehst.

Jene, die sich um dich kümmern,
können dir Kraft geben.
Nimm sie an.

Aber gib niemandem die Möglichkeit,
dich zu erdrücken oder
dein Leben in die Hand zu nehmen.

*D*ennoch kann es sein, daß du dich
verlassen fühlst.
Einige deiner alten Freunde
haben dich vielleicht „im Stich" gelassen.
Nach einem förmlichen Beileidsbesuch
verflüchtigen sie sich.
Seit der Beerdigung
hast du nichts mehr von ihnen gehört.

Hast du aber darüber nachgedacht,
daß sie sich selbst vom Tod bedroht fühlen könnten
und nichts von deiner Trauer wissen wollen?
Oder daß sie fälschlicherweise glauben,
du wolltest allein sein?

*U*nd doch bist du nicht allein.

Es gibt Menschen, die ähnliche Verluste
erlitten haben und die sich
in Gruppen zusammengeschlossen haben.
Sie sind bereit, dir beizustehen.

Sie werden zuhören.

Vielleicht findest du, daß du
eine andere Art von Hilfe brauchst.

Auch nach einiger Zeit
glaubst du nicht,
daß du „es schaffst".
Du hast dich selbst nicht im Griff.
Die Niedergeschlagenheit wird tiefer.
Der körperliche Schmerz wird schlimmer.
Du bist noch abhängiger von Medikamenten
oder von Alkohol geworden.
Der Wunsch zu sterben
wird immer deutlicher.

*D*u brauchst Unterstützung.

Rufe sofort den Hausarzt deiner Familie
oder einen Geistlichen an,
den du kennst und achtest,
oder einen sozialen Hilfsdienst
oder eine psychiatrische Ambulanz.

Professionelle Hilfe zu beanspruchen
ist kein Zugeständnis
von Schwäche.

Es ist vielmehr der Beweis
deiner Entschlossenheit und deines Mutes.

So wie du anderen hilfst

*B*eginn, etwas von deiner Energie anderen
zu widmen, nicht nur dir selbst.

Wer anderen Sonnenschein bringt,
kann ihn nicht von sich selbst fernhalten.
                                    Sir James Barrie

Es gibt andere Menschen,
die gelitten haben und
bedürftig sind.
Du in deiner Trauer kannst
ihnen jetzt helfen.

*E*s gibt

Krankenhäuser,

Wohlfahrtseinrichtungen,

Kirchen,

die deine Hilfe gebrauchen können.

Du kannst
ein Großer Bruder oder
eine Große Schwester werden.

Du kannst den Blinden vorlesen.

Du bist nicht allein
mit dem Schmerz und der Krise,
die du durchmachst.

Jemand leidet,
und die ganze Welt wird zu einer großen Familie.

*Z*uerst mußt du dich
dazu zwingen, die Sicherheit
deines Zuhauses zu verlassen.
So kannst du die Probleme anderer teilen.

Ist es die Mühe wert?
Du hast doch genug eigenes Leid.
Warum solltest du dich
mit dem Kummer anderer belasten?

Womöglich wirst du zurückgewiesen.

Versuche es dennoch.
Biete deine Dienste an.
Du wirst sehen, wie schnell
du engagiert
sein wirst.

Du wirst entdecken, daß
du wichtig bist,
du gemocht wirst,
du gebraucht wirst.

Weil du selbst
Leid erfahren hast,
kannst du den Kummer
anderer besser verstehen.

Indem du dich aufmachst, um anderen zu helfen,
bekommst du selbst
Auftrieb.

LEBENDE ERINNERUNGEN

*E*instmals haben Menschen
Paläste aus Stein gebaut,
Mausoleen errichtet.
Auf diese Weise gedachten sie
ihrer Toten.

Es gibt andere Weisen, die Erinnerung
an deinen lieben Menschen fortbestehen
zu lassen.
Durch dein eigenes Leben nämlich
kannst du dieser Erinnerung Bestand geben.

*D*er Tod stellt dich vor eine Wahl.
Er kann dich zum Rand
des Abgrunds führen.
Oder du kannst eine Brücke bauen,
die die Kluft überspannen wird.

Dein lieber Mensch ist noch immer
Teil deines Lebens.

Was immer es gewesen sein mag, das
deinen Lieben für dich so lieb und teuer gemacht hat,
du kannst es für andere wirklich werden lassen.

Wahrhaftig.
Die Erinnerung an die Toten
kann die Grabdenkmale
für die Toten überdauern.

ZUSICHKOMMEN UND WACHSEN

*W*ahrscheinlich hast du dein Gleichgewicht
noch nicht vollständig wiedererlangt.
Dennoch geht das Leben weiter, auch wenn
Narben zurückbleiben.
Du atmest, bewegst dich, tust etwas.
Jetzt bist du imstande, dich an den
geliebten Menschen
und an die Umstände seines Todes
zu erinnern,
ohne zusammenzubrechen.

*D*u hattest deine Fähigkeit weiterzuleben
unterschätzt.
Wenn du zurückschaust, herrscht dort Dunkelheit,
doch es gibt immer noch genügend Licht,
um vorwärts zu gehen.

Der Tod hat dir deine eigene Sterblichkeit
vor Augen geführt.
Dein Blick auf diese irrationale Welt
hat sich verändert.
Du gewinnst Einsichten, die
dir zuvor nicht zugänglich waren.

Was mich nicht umbringt,
macht mich stärker.
Friedrich Nietzsche

Du weißt besser als früher,
was bedeutsam ist
und was unbedeutend ist.

Dein geliebter Mensch hat gelebt.
Du aber lebst noch.

Die Zukunft lohnt sich zu erwarten.
Henry David Thoreau

*D*u hast dich verändert.

Du bist stärker geworden.

Zum ersten Mal verstehst du,
was der Psalmist meinte,
als er sagte:
„Und muß ich auch wandern im finsteren Tale,
ich fürchte kein Unheil, denn du bist bei mir."

Wichtig ist dabei das Wort
„wandern".

    Du gehst einen Weg.
    Du GEHST HINDURCH.
    Du bleibst nicht dort, wo du warst.

Das Leben ist für die Lebenden.